I COLORI DELLA CUCINA

al Gratin tutto

COVER

Gratin tricolore
foto e styling di Elisa Andreini

SOMMARIO

6 A COLPO D'OCCHIO

8 UN, DUE... GRATIN!

10 ANTIPASTI TUTTOMARE

24 FANTASIE DALL'ORTO

46 PASTA CHE SIA CORTA

62 ALTRI PRIMI PER GRADIRE

80 SECONDI A NESSUNO

96 INDICE ALFABETICO

A COLPO D'OCCHIO

ANTIPASTI TUTTOMARE

12 COZZE GRATINATE
14 SPIEDINI DI CODA DI ROSPO
16 MINIGRATIN DI LASAGNETTE

18 CAPESANTE GRATINATE
20 OSTRICHE ALLO CHAMPAGNE
22 OSTRICHE AL LARDO E POMODORINI

FANTASIE DALL'ORTO

26 ZUCCHINE GRATINATE
28 GRATIN DI PATATE CIPOLLE E ZUCCHINE
30 GRATIN DI PATATE AI DUE FORMAGGI
32 GATTÒ DI PATATE E MELANZANE
34 GRATIN DI CRESPELLE

36 POMODORI RIPIENI AL GRATIN
38 MELANZANE RIPIENE AL GRATIN
40 CANNELLONI DI MELANZANE
42 GRATIN TRICOLORE
44 ZUPPA DI CIPOLLE AL GRATIN

PASTA CHE SIA CORTA

48 CONCHIGLIONI ALLA PUTTANESCA
50 CONCHIGLIONI AL RAGÙ
52 PIPE RIGATE CON BROCCOLI
54 GIGANTONI ALLA RICOTTA
56 PACCHERONI SALSICCIA RICOTTA

58 PACCHERONI AI CARCIOFI
60 MACCHERONCINI AI CARCIOFI

ALTRI PRIMI PER GRADIRE

64 GNOCCHI ALLA ROMANA
66 GNOCCHI ALLA PARIGINA
68 GNOCCHI VERDI AL CULATELLO
70 GRATIN DI ZITI CON RAGÙ
72 CORONA DI ZITI AL FORNO

74 BUCATINI CON STRACCIATA DI BUFALA
76 PAPPARDELLE FUNGHI E FOIE GRAS
78 TIMBALLO DI TORTELLINI

SECONDI A NESSUNO

82 TIELLA DI BACCALÀ
84 SCALOPPE DI BACCALÀ GRATINATE IN CROSTA
86 CODA DI ROSPO AL GRATIN
88 FILETTI DI RICCIOLA GRATINATI
90 SUPREMA DI POLLO AL PEPE ROSA

92 SELLA DI VITELLO DEL PRINCIPE
94 MEDAGLIONI DI MAIALE

UN, DUE... GRATIN!

Gratin in francese, gratin in italiano, il risultato è sempre e comunque una bella crosticina dorata che, formandosi sul piatto di turno, porta immancabilmente in tavola gusto e allegria. Di gratinatura, però, non ce n'è una sola. I metodi, in effetti, sono due.

GRATINATURA COMPLETA
(basta la parola 1)
Gratinatura completa significa cottura dell'alimento crudo (e gratinatura, appunto), in un'unica soluzione.

La gratinatura completa solitamente prevede che l'alimento venga disposto nel recipiente di cottura, irrorato in abbondanza con un composto piuttosto liquido (a base di besciamella, panna, uova sbattute...), cosparso di pangrattato e/o formaggio grattugiato, condito con fiocchetti di burro o un filo di olio e infornato fino a cottura.

Con questo metodo di gratinatura, la cottura avviene esclusivamente in forno.

GRATINATURA DI RIFINITURA
(basta la parola 2)
È il metodo di gratinatura in un certo senso più sbrigativo. In buona sostanza, si parte da un alimento precotto e lo si rifinisce in forno.

La gratinatura di rifinitura prevede solo le ultime operazioni di quella completa: pangrattato e/o formaggio grattugiato; burro o olio; passaggio finale in forno.

Con questo metodo, la cottura dell'alimento avviene in due fasi, di cui solo la seconda è necessariamente in forno.

CHE CALDO CHE FA (?)
La temperatura ottimale per c uocere e gratinare dipende dalla ricetta. In genere, per un gratin perfetto, va utilizzata la funzione grill del forno.

I RISCHI DEL GRATIN
Per alcune ricette occorre fare attenzione che la crosticina non si formi troppo in anticipo rispetto al giusto punto di cottura del piatto, rischiando così di bruciare. Il rischio opposto? Che si formi troppo tardi e lasci asciugare più del dovuto la parte interna del cibo.

LEGENDA

minuti
tempo di preparazione ed eventuale riposo

minuti
tempo di cottura

ANTIPASTI TUTTOMARE

COZZE GRATINATE

15 minuti

20 minuti

INGREDIENTI
per 4 persone

- **1/2 kg di cozze**
- **300 g di pomodorini**
- **olio extravergine di oliva**
- **1 ciuffo di prezzemolo**
- **2 spicchi di aglio**
- **40 g di capperi sotto sale**
- **50 g di pangrattato**
- **sale e pepe**

1 Lavate le cozze sotto l'acqua corrente, eliminate le barbe e raccoglietele in una padella con un filo di olio e 1 spicchio di aglio. Incoperchiate e fate aprire a fuoco medio.

2 Lavate i pomodorini, tagliateli a metà, eliminate i semi e l'acqua di vegetazione e fateli a dadini. Sciacquate i capperi per eliminare il sale di conservazione, quindi asciugateli con un foglio di carta assorbente da cucina.

3 Raccogliete nel bicchiere del mixer il pangrattato, il prezzemolo, i capperi e l'aglio rimasto. Aggiungete 5-6 cucchiai di olio extravergine di oliva e frullate alla massima velocità. Condite con un pizzico di sale, profumate con una macinata abbondante di pepe e frullate ancora. Trasferite tutto in una ciotola, unite la dadolata di pomodori e mescolate.

4 Eliminate una valva a ciascuna cozza e farcite quelle con il mollusco con il composto ottenuto. Disponete le cozze in una teglia, mettete in forno già caldo a 160 °C e fate cuocere per 7-8 minuti. Levate e servite.

SPIEDINI DI CODA DI ROSPO AL GRATIN CON SALSA AL PREZZEMOLO

20 minuti

15 minuti

INGREDIENTI per 4 persone

- **1 coda di rospo da circa 1,2 kg**
- **1 mazzetto di prezzemolo**
- **1 spicchio di aglio**
- **pangrattato**
- **olio extravergine di oliva**
- **sale e pepe**

per la salsa al prezzemolo

- **1 rametto di prezzemolo**
- **1 spicchio di aglio**
- **1 ciuffo di menta**
- **5-6 filetti di acciuga sott'olio**
- **40 g di capperi sotto sale**
- **senape**
- **succo di limone**
- **olio extravergine di oliva**

1 Mettete a bagno gli spiedini di legno per almeno 20 minuti (così durante la cottura non si bruceranno). Raccogliete in un piatto il pangrattato, il prezzemolo e 1 spicchio di aglio tritati, condite con un pizzico di sale, insaporite con una macinata abbondante di pepe e miscelate.

2 Ricavate la polpa dalla coda di rospo, eliminando eventuali lische residue, quindi tagliatela a cubotti. Passate i cubotti nella miscela preparata e premeteli leggermente con le mani, per farla aderire. Infilzate i cubotti a 3 a 3 negli spiedini. Foderate una teglia con carta forno, ungetela leggermente e distribuiteci gli spiedini. Mettete in forno già caldo a 220 °C e fate cuocere per circa 15 minuti.

3 Intanto preparate la salsa al prezzemolo. Scolate i filetti di acciuga e tamponateli con un foglio di carta assorbente da cucina; sciacquate e asciugate anche i capperi.

4 Raccogliete acciughe e capperi nel bicchiere del mixer. Unite l'aglio, il prezzemolo e qualche fogliolina di menta. Aggiungete 1 cucchiaino di senape e 1 cucchiaio di succo di limone e frullate, aggiungendo a filo l'olio necessario a ottenere una salsa omogenea. Al termine, sfornate gli spiedini e serviteli con la salsa a parte.

MINIGRATIN
DI LASAGNETTE ALLA ZUCCA E SALMONE

20 minuti + riposo

30 minuti

INGREDIENTI
per 8-10 persone

- 400 g di lasagne agli spinaci
- 400 g di fettine di salmone fresco
- 4 porri
- 200 g di zucca già pulita
- 200 g di passata di pomodoro
- 1/2 l di panna fresca
- parmigiano grattugiato
- olio extravergine di oliva
- sale e pepe bianco

1 Lessate le lasagne in abbondante acqua bollente leggermente salata con 1 cucchiaino di olio. Scolatele e stendetele ad asciugare su un canovaccio pulito.

2 Tritate finemente i porri, fateli stufare in padella con 2-3 cucchiai di olio, unite la zucca, tagliata a piccoli dadini, salate e pepate, e portate a cottura per 10-15 minuti. Poi levate e lasciate raffreddare.

3 Distribuite su ogni lasagna un po' di salmone e lo stufato di zucca e porri. Velate con la passata, condite con un filo di olio, un pizzico di sale e una macinata di pepe, e arrotolate. Disponete i rotoli su un vassoio foderato con pellicola trasparente, mettete in frigo e lasciate raffreddare per una mezz'ora. Trascorso il tempo, levate e tagliate ogni rotolo in 2-3 rondelle.

4 Distribuite le rondelle in cocottine individuali, appoggiandole "di piatto". Velate con la panna e spolverizzate con abbondante parmigiano. Mettete in forno già caldo a 190 °C e fate cuocere per 10-12 minuti (o comunque finché si sarà formata in superficie una bella crosticina dorata). Levate e servite.

CAPESANTE GRATINATE

15 minuti + riposo

5 minuti

INGREDIENTI per 4 persone

- **16 capesante**
- **100 g di pangrattato**
- **100 g di passata di pomodoro**
- **2 spicchi di aglio**
- **1 mazzetto di prezzemolo**
- **olio extravergine di oliva**
- **sale e pepe**

1 Pulite le capesante, apritele, staccate la noce e il corallo e metteteli da parte. Sciacquate e pulite le valve concave delle capesante.

2 Tritate finemente l'aglio e il prezzemolo. Raccogliete il trito in una terrina, unite il pangrattato e un filo di olio; condite con un pizzico di sale e una macinata abbondante di pepe, e mescolate. Distribuite 1 cucchiaino di ripieno nelle valve pulite. Unite 1 noce e 1 corallo per valva, e ricoprite con il ripieno rimasto.

3 Terminate con un filo di olio e 1 cucchiaio di passata di pomodoro, mettete in forno già caldo a 200 °C e fate cuocere per qualche minuto, o comunque fino a doratura. Sfornate, portate in tavola e servite.

OSTRICHE
ALLO CHAMPAGNE

15 minuti

20 minuti

INGREDIENTI
per 6 persone

- **24 ostriche**
- **3 scalogni**
- **1 bicchiere di champagne**
- **2 tuorli**
- **1 limone**
- **burro**
- **sale grosso**
- **pepe**

1 Affettate finissimamente gli scalogni. Raccoglieteli in una casseruola con una noce di burro e fateli appassire a fuoco dolce, finché diventano quasi trasparenti. Versate metà dello champagne, fate sfumare e lasciate restringere della metà.

2 Aprite le ostriche, raccogliendo la loro acqua, estraete i molluschi e teneteli da parte. Sciacquate perfettamente le valve concave, per eliminare ogni eventuale frammento di conchiglia, e tenete da parte anch'esse.

3 Versate i tuorli in una casseruola per bagnomaria. Mettete sul fuoco e lavorate con una frusta, aggiungendo un po' dell'acqua delle ostriche, filtrata, il succo del limone e lo champagne rimasto. Quando avrete ottenuto una sorta di mousse, levate e incorporate 20 g di burro, ammorbidito, sempre lavorando con una frusta.

4 Rimettete i molluschi nelle valve pulite, ricopriteli con gli scalogni e con 1 cucchiaino di mousse, e insaporite con una macinata di pepe. Distribuite un letto di sale grosso in una pirofila bassa e disponeteci le ostriche. Mettete in forno già caldo a 180 °C e fate gratinare per una decina di minuti. Levate e servite.

OSTRICHE GRATINATE
AL LARDO E POMODORINI

25 minuti

20 minuti

INGREDIENTI
per 6 persone

- **24 ostriche**
- **24 fettine di lardo di Colonnata**
- **6 pomodorini maturi**
- **olio extravergine di oliva**
- **parmigiano grattugiato**
- **paprica in polvere**
- **sale fino e grosso**

1 Aprite le ostriche, estraete i molluschi e teneteli da parte. Sciacquate perfettamente le valve concave, per eliminare ogni eventuale frammento di conchiglia, e tenete da parte anch'esse.

2 Tagliate a metà i pomodorini. Sbollentateli per un paio di minuti, poi scolateli, pelateli e tagliateli a metà, per eliminare i semi e l'acqua di vegetazione. Infine, fateli a dadini piccoli. Scaldate un filo di olio in una casseruola, unite la dadolatina e fate cuocere per qualche minuto. Al termine regolate di sale.

3 Avvolgete ogni mollusco in una fettina di lardo. Metteteli nelle valve pulite e completate con la dadolatina di pomodoro. Insaporite con un pizzico di paprica e spolverizzate con il parmigiano.

4 Distribuite un letto di sale grosso in una pirofila bassa e disponeteci le ostriche. Mettete in forno già caldo a 180 °C e fate gratinare per una decina di minuti. Levate e servite.

FANTASIE DALL'ORTO

ZUCCHINE GRATINATE

15 minuti

40 minuti

INGREDIENTI
per 6 persone

- 6 zucchine
- 60 g di pangrattato
- 1 rametto di prezzemolo
- 1 rametto di basilico
- 1 spicchio di aglio
- olio extravergine di oliva
- sale e pepe

1 Lavate e spuntate le zucchine. Tagliatele a metà nel senso della lunghezza e, con un cucchiaino, svuotatele della polpa (che terrete da parte), facendo attenzione a non romperle.

2 Tritate il prezzemolo, il basilico e l'aglio. Raccogliete il trito in una ciotola, unite la polpa delle zucchine e il pangrattato e mescolate. Condite con olio e sale, profumate con una macinata abbondante di pepe e mescolate ancora.

3 Farcite le zucchine con il composto, quindi sistematele in un tegame di alluminio che possa andare in forno. Condite con un filo di olio, mettete in forno già caldo a 170 °C e fate cuocere per circa 40 minuti, o comunque fino a gratinatura. Sfornate, portate in tavola e servite.

GRAN GRATIN DI PATATE
CIPOLLE E ZUCCHINE

20 minuti

60 minuti

INGREDIENTI
per 4 persone

- 300 g di patate
- 300 g di zucchine tonde
- 300 g di cipolle rosse
- 3 cucchiai di pangrattato
- 1 cucchiaio di parmigiano grattugiato
- 1 dl di vino bianco
- 1 dl di brodo vegetale
- olio extravergine di oliva
- sale e pepe

1 Sbucciate le patate, lavatele e asciugatele, quindi tagliatele a fette sottili (2-3 mm di spessore). Man mano che le affettate, mettetele in una ciotola di acqua fredda.

2 Lavate e asciugate le zucchine, spuntatele e affettatele come le patate. Affettate allo stesso spessore anche le cipolle. Miscelate il pangrattato con il parmigiano. Mescolate il vino e il brodo.

3 Ungete una teglia o una pirofila (rettangolare) con un po' di olio, disponeteci una riga di patate, una di cipolle e una di zucchine, sovrapponendole leggermente (effetto scaglie di pesce). Continuate con gli strati, fino a esaurire gli ingredienti. Man mano che procedete, condite con sale e pepe.

4 Versate il vino e il brodo nella pirofila, irrorate le verdure con olio extravergine e spolverizzate con la miscela di pangrattato e parmigiano (deve essere piuttosto abbondante).

5 Coprite la teglia con un foglio di carta di alluminio, infornate a 180 °C e fate cuocere per 35 minuti. Eliminate il foglio, rimettete in forno e fate gratinare per altri 25 minuti. Al termine, levate, portate in tavola e servite.

GRATIN DI PATATE
AI DUE FORMAGGI

20 minuti

40 minuti

INGREDIENTI
per 4 persone

- 1 kg di patate
- 120 g di fontina
- 120 g di formaggio tipo raclette o reblochon
- 100 g di pancetta affumicata in fetta unica
- 2 cipolle
- 1 bicchiere di vino bianco
- 50 g di panna fresca
- burro
- sale e pepe

1 Sbucciate le patate e tagliatele a rondelle dello spessore di circa 3-4 mm. Affettate anche i due formaggi. Tritate le cipolle e fatele rosolare dolcemente in una casseruola con una noce di burro.

2 Bagnate con il vino e fate sfumare; insaporite con la panna e proseguite la cottura per un paio di minuti, mescolando con un cucchiaio di legno.

3 Imburrate una pirofila e disponeteci uno strato di patate. Condite con sale e pepe, continuate con uno strato di formaggio e quindi con la pancetta affumicata tagliata a listerelle.

4 Ripetete la sequenza degli strati, completando con le cipolle alla panna. Mettete in forno già caldo a 200 °C e fate cuocere per circa 30 minuti, o comunque fino a gratinatura. Levate, portate in tavola e servite.

GATTÒ DI PATATE E MELANZANE

25 minuti + riposo

100 minuti

INGREDIENTI per 6 persone

- **1 kg di patate**
- **500 g di melanzane**
- **150 g di caciocavallo grattugiato**
- **150 g di primo sale**
- **4 uova**
- **1 ciuffo di prezzemolo tritato**
- **pangrattato**
- **olio extravergine di oliva**
- **sale fino e grosso**

vi serve anche

- **1 stampo a cerniera a bordi alti**

1 Lavate e asciugate le melanzane. Tagliatele a fette spesse circa 1 cm, spolverizzatele di sale grosso, raccoglietele in un colapasta e lasciatele spurgare per un paio di ore con sopra un peso. Trascorso il tempo, sciacquatele e asciugatele con un foglio di carta assorbente da cucina.

2 Scaldate abbondante olio in una padella capiente e friggete le fette di melanzana. Man mano che sono pronte, scolatele su un foglio di carta assorbente da cucina. Al termine salatele. Intanto fate rassodare 2 uova per 8 minuti a partire dal bollore. Poi scolatele, sgusciatele e affettatele sottilmente.

3 Lavate e asciugate le patate. Raccoglietele in una casseruola, copritele di acqua e fatele cuocere per 30 minuti a partire dal bollore. Poi scolatele, sbucciatele e passatele ancora calde allo schiacciapatate, raccogliendo il passato in una ciotola.

4 Incorporate al passato le uova rimaste, il prezzemolo e il caciocavallo, regolate di sale e amalgamate. Ungete lo stampo con un po' di olio e spolverizzatelo con del pangrattato. Riempitelo con metà del passato di patate, rivestendo anche i bordi, e livellate la superficie con il dorso di un cucchiaio.

5 Coprite con le melanzane, il primo sale a fette, e le uova sode tagliate a rondelle, completando con il passato rimasto. Condite con un paio di cucchiai di olio, mettete in forno preriscaldato a 200 °C e fate cuocere per 45 minuti, o comunque finché il gattò sarà ben gratinato. Levatelo, lasciatelo riposare per una mezz'oretta, sformatelo e servitelo.

GRATIN DI CRESPELLE
AGLI ASPARAGI

25 minuti

35 minuti

INGREDIENTI
per 4 persone

- **800 g di asparagi**
- **60 g di burro**
- **4-5 cucchiai di grana grattugiato**
- **1/2 l di besciamella**
- **sale**

per le crespelle
- **2 uova**
- **125 g di farina**
- **sale**

1 Mondate e lavate gli asparagi, legateli a mazzetto, metteteli in piedi in una casseruola e lessateli per 10-15 minuti, avendo cura che le punte fuoriescano dall'acqua. Poi scolateli e lasciateli raffreddare. Al termine, tagliate le punte per una decina di centimetri e tenetele da parte (insieme all'acqua di cottura); tagliate grossolanamente la parte restante dei gambi.

2 Per le crespelle: sbattete le uova in una ciotola con un pizzico di sale; in un'altra ciotola lavorate la farina con 1 bicchiere abbondante di acqua di cottura degli asparagi, utilizzando una frusta. Aggiungete le uova sbattute e, sempre con la frusta, amalgamate con cura.

3 Imburrate un padellino antiaderente, scaldatelo sul fuoco, versate al centro un mestolino di pastella, ruotatelo per distribuirla in modo uniforme e cuocete la crespella per 1 minuto. Giratela e completate la cottura dall'altro lato. Procedete così fino a esaurire la pastella.

4 Raccogliete i tocchetti dei gambi di asparago nel bicchiere del frullatore, unite l'acqua di cottura rimasta e frullate, fino a ottenere una crema liscia e omogenea. Scaldate leggermente la besciamella, incorporate la crema di asparagi e regolate di sale.

5 Farcite le crespelle con un paio di cucchiai della besciamella arricchita e con 2-3 punte di asparago, quindi piegatele a portafoglio. Distribuite le crespelle nelle pirofile individuali, leggermente imburrate, spolverizzate con grana grattugiato nite e unite qualche fiocchetto di burro. Completate con la besciamella e con le punte di asparago rimaste, mettete in forno già caldo a 180 °C e fate gratinare per 10 minuti. Trascorso il tempo, levate, portate in tavola e servite.

POMODORI
RIPIENI AL GRATIN

10 minuti

15 minuti

INGREDIENTI
per 4 persone

- 4 pomodori maturi e grandi
- 300 g di ricotta di pecora fresca
- 50 g di pinoli già pelati
- 100 g di pecorino romano grattugiato
- 100 g di parmigiano grattugiato
- 4-5 rametti di basilico
- olio extravergine di oliva
- sale e pepe

1 Lavate e asciugate i pomodori, quindi eliminate la calotta superiore, scavateli con delicatezza e metteteli a scolare a testa in giù su carta assorbente da cucina.

2 Raccogliete la ricotta nel bicchiere del mixer, unite il pecorino e 80 g di parmigiano, i pinoli e il basilico (tenendo qualche fogliolina da parte, per guarnire) e frullate, fino a ottenere un composto omogeneo. Regolate di sale, profumate con una macinata abbondante di pepe e amalgamate.

3 Farcite i pomodori con il ripieno e trasferiteli su una teglia da forno foderata con carta forno. Irrorate con un filo di olio, mettete in forno già caldo a 200 °C e fate cuocere per una decina di minuti, o comunque finché saranno dorati in superficie.

4 Trascorso il tempo, sfornate e lasciate intiepidire. Spolverizzate con il parmigiano rimasto, guarnite con qualche fogliolina di basilico e servite.

MELANZANE
RIPIENE AL GRATIN

20 minuti

55 minuti

INGREDIENTI
per 4 persone

- **4 melanzane tonde non troppo grandi**
- **200 g di vongole già spurgate**
- **300 g di cannellini in scatola**
- **200 g di riso**
- **1/2 bicchiere di vino bianco**
- **50 g di pangrattato**
- **1 spicchio di aglio**
- **1 ciuffo di prezzemolo**
- **olio extravergine di oliva**
- **sale e pepe**

1 Raccogliete le vongole in una padella con un filo di olio e l'aglio. Spruzzate con 1/2 bicchiere di vino bianco, incoperchiate, mettete su fuoco vivace e fatele aprire. Quindi sgusciatele, tenendone da parte qualcuna intera, e filtrate il fondo di cottura.

2 Scaldate un filo di olio in una padella, unite i fagioli, scolati, e lasciateli insaporire per pochi minuti, mescolando. Levate e tenete da parte.

3 Lessate il riso in acqua bollente salata per il tempo indicato sulla confezione (in genere, 20-25 minuti). Scolatelo al dente e raccoglietelo in una ciotola capiente con i fagioli, le vongole e il loro fondo di cottura. Mescolate, regolate di sale e profumate con una macinata di pepe. Tritate il prezzemolo e miscelate il trito al pangrattato.

4 Lavate le melanzane, eliminate la calotta superiore e svuotatele delicatamente. Farcite le melanzane con il ripieno preparato, spolverizzate con il pangrattato e chiudete con le calottine.

5 Trasferite le melanzane in una teglia, condite con un filo di olio extravergine, mettete in forno già caldo a 180 °C e fate cuocere per una ventina di minuti, o comunque fin quando saranno pronte e ben dorate. Sfornate e servite con le vongole intere tenute da parte a mo' di guarnizione.

CANNELLONI DI MELANZANE GRATINATI

20 minuti + riposo

50 minuti

INGREDIENTI per 4 persone

- 3-4 melanzane
- 500 g di ricotta vaccina
- 100 g di ricotta affumicata
- 1 rametto di timo
- 1 ciuffo di basilico
- 1 cipolla
- 400 g di passata di pomodoro
- parmigiano grattugiato
- olio extravergine di oliva
- olio di semi di arachide (per friggere)
- farina
- sale fino e grosso
- pepe

1 Sciacquate le melanzane sotto l'acqua corrente, asciugatele con carta assorbente da cucina e tagliatele a fette nel senso della lunghezza. Raccoglietele in un colapasta, cospargetele con un po' di sale grosso e fatele spurgare per qualche ora, tenendole premute con un peso. Trascorso il tempo, sciacquatele e asciugatele.

2 Scaldate abbondante olio di semi di arachide in una padella, passate le melanzane nella farina e friggetele. Quando saranno ben dorate, scolatele e fatele asciugare su carta assorbente da cucina.

3 Raccogliete la ricotta vaccina in una ciotola, unite quella affumicata, il timo e il basilico, tritati finemente, e lavorate con un cucchiaio di legno per amalgamare. Al termine, regolate di sale e profumate con una macinata di pepe. Spalmate il ripieno sulle fette di melanzana e arrotolatele a mo' di involtino.

4 Tritate finemente la cipolla e fatela appassire in padella con 2-3 cucchiai di olio. Aggiungete la passata di pomodoro, salate, pepate e fate cuocere per circa 20 minuti a fuoco medio.

5 Distribuite gli involtini di melanzana in una pirofila, aggiungete la salsa di pomodoro e spolverizzate con abbondante parmigiano. Infornate e fate gratinare a 190 °C per 15 minuti. Sfornate, guarnite con qualche fogliolina di basilico e servite.

GRATIN TRICOLORE

20 minuti + riposso

45 minuti

INGREDIENTI
per 4 persone

- 1,5 kg di broccoli
- 300 g di mozzarella di bufala
- 500 g di passata di pomodoro
- 500 g di salsiccia
- 1/2 bicchiere di vino bianco
- 1 spicchio di aglio
- 2 cucchiaini di semi di finocchio
- 2 uova
- farina
- parmigiano grattugiato
- olio extravergine di oliva
- sale e pepe

1 Scaldate un filo di olio in una casseruola con l'aglio, schiacciato. Eliminate quest'ultimo, unite la passata e fate ristringere per una ventina di minuti, mescolando ogni tanto con un cucchiaio di legno. Al termine, regolate di sale, profumate con una macinata di pepe e lasciate intiepidire.

2 Mentre la salsa è in cottura tagliate a dadini la mozzarella di bufala, raccogliete la dadolata in un colapasta e lasciate asciugare. Mondate i broccoli ricavate le cimette e tagliatele a metà per il lungo, quindi, sbollentatele per 5 minuti.

3 Trascorso il tempo, scolate le cimette e tamponatele con un foglio di carta assorbente da cucina. Poi passatele nella farina e nelle uova, e friggetele in abbondante olio extravergine ben caldo. Man mano che sono pronte, scolatele e fatele asciugare su altra carta assorbente da cucina.

4 Spellate la salsiccia, tagliatela a tocchetti e fatela rosolare in una padella con un filo di olio. Spolverizzate con i semi di finocchio, sfumate con il vino e fate asciugare. Poi levate e tenete da parte.

5 Velate 4 stampi monoporzione scanalati (ma potete scegliere altre forme e formine) con la salsa di pomodoro e distribuite uno strato di broccoli. Continuate con un po' di salsiccia e con la mozzarella di bufala, e spolverizzate di parmigiano.

6 Ripetete la sequenza degli strati fino a esaurire gli ingredienti, terminando con il parmigiano, mettete in forno già caldo a 180 °C e fate cuocere per circa 15 minuti. Accendete il grill e proseguite la cottura per altri 5 minuti. Al termine, levate e lasciate riposare per una decina di minuti. Quindi, portate in tavola e servite.

ZUPPA DI CIPOLLE
AL GRATIN

15 minuti

25 minuti

INGREDIENTI
per 4 persone

- **600 g di cipolle**
- **1,5 l di brodo di carne**
- **200 g di gruyère grattugiato**
- **2 cucchiai di farina**
- **4 fette di pane casereccio tostato**
- **burro**
- **pepe**

1 Affettate sottilmente le cipolle e fatele appassire in una casseruola con 80 g di burro. Quando saranno diventate quasi trasparenti, aggiungete la farina e mescolate con un cucchiaio di legno.

2 Unite il brodo, portate a ebollizione e fate cuocere per circa 15 minuti. Tagliate a metà le fette di pane tostato. Disponete sul fondo di quattro zuppiere individuali una mezza fetta di pane tostato. Spolverizzate con 1/3 del formaggio grattugiato e distribuite metà delle cipolle con il brodo ridotto.

3 Coprite con le mezze fette rimaste e con 1/3 di formaggio e colmate con le cipolle e il brodo rimasti. Profumate con una macinata abbondante di pepe, spolverizzate con il restante formaggio, mettete in forno caldo con funzione grill e fate gratinare finché il formaggio sarà dorato e rappreso in superficie. Levate e servite subito.

PASTA
CHE SIA CORTA

CONCHIGLIONI GRATINATI ALLA PUTTANESCA

15 minuti + riposo

40 minuti

INGREDIENTI per 4 persone

- 380 g di conchiglioni
- 1/2 kg di ricotta
- 400 g di pomodori da sugo
- 150 g di olive di Gaeta snocciolate
- 1 cucchiaio di capperi sotto sale
- 5 acciughe
- pecorino grattugiato
- 1 rametto di origano
- 1 spicchio di aglio
- olio extravergine di oliva
- sale e pepe

1 Scottate i pomodori in acqua bollente per un paio di minuti. Scolateli, pelateli, tagliateli a metà, privateli dei semi e fateli a dadini. Sciacquate i capperi, per eliminare il sale di conservazione.

2 Scaldate un filo di olio in una padella con l'aglio, schiacciato. Levate quest'ultimo, unite la dadolata di pomodori, le acciughe a pezzettini, le olive e i capperi, e fate restringere il sugo per 10-15 minuti, mescolando ogni tanto con un cucchiaio di legno. Poi levate e lasciate raffreddare.

3 Raccogliete la ricotta in una ciotola, aggiungete metà del sugo preparato, profumate con una macinata di pepe e un po' di origano tritato, mescolate e regolate di sale. Lessate i conchiglioni in acqua bollente leggermente salata. Scolateli bene al dente e farciteli con il ripieno.

4 Distribuite i conchiglioni in una pirofila, velata con il sugo rimasto, irrorate con olio extravergine di oliva a crudo e spolverizzate con abbondante pecorino. Mettete in forno già caldo a 200 °C e fate gratinare per una ventina di minuti. Levate, portate in tavola e servite.

CONCHIGLIONI RIPIENI
AL RAGÙ DI VITELLO

15 minuti

70 minuti

INGREDIENTI
per 6 persone

- 480 g di conchiglioni
- 2 carote
- 1 costa di sedano
- 2 cipolle
- 1 spicchio di aglio
- 250 g di polpa di vitello tritata
- 150 g di salsiccia
- 1 bicchiere di vino bianco
- peperoncino
- olio extravergine di oliva
- burro
- pecorino grattugiato
- sale e pepe

1 Mondate le carote, la costa di sedano e le cipolle. Tagliatele a dadini piccoli e fatele soffriggere in una casseruola con 3-4 cucchiai di olio e 1 spicchio di aglio, schiacciato.

2 Levate quest'ultimo, unite la polpa di vitello e la salsiccia, spellata e sgranata, e fate rosolare. Bagnate con il vino e lasciate evaporare. Aggiungete 2 bicchieri di acqua e fate restringere per circa mezz'ora. Quando il ragù è ristretto, insaporite con il peperoncino e condite con sale e pepe.

3 Lessate i conchiglioni in abbondante acqua bollente salata, scolateli bene al dente e farciteli con il ragù. Oliate leggermente 6 stampini da forno (o 6 pirofile individuali) e distribuiteci i conchiglioni. Spolverizzate con un po' di pecorino, aggiungete qualche fiocchetto di burro, mettete in forno caldo a 200 °C e fate gratinare per 15-20 minuti. Levate, portate in tavola e servite.

PIPE RIGATE
CON BROCCOLI AL GRATIN

15 minuti

55 minuti

INGREDIENTI
per 4 persone

- **400 g di pipe rigate**
- **400 g di cimette di broccolo**
- **200 g di polpa di pomodoro**
- **250 g di stracchino**
- **160 g di grana grattugiato**
- **1 spicchio di aglio**
- **olio extravergine di oliva**
- **sale**

1 Mondate e lavate le cimette di broccolo. Scaldate 3 cucchiai di olio in una casseruola con l'aglio schiacciato. Unite la polpa di pomodoro e fate cuocere per circa 25 minuti.

2 Lessate la pasta in abbondante acqua bollente, leggermente salata. A 5 minuti dal termine della cottura, unite le cimette di broccolo.

3 Scolate i broccoli e la pasta bene al dente e raccoglieteli in una ciotola. Condite con la salsa preparata e con metà del grana grattugiato, e mescolate. Distribuite le pipe in pirofile monoporzione, leggermente unte di olio.

4 Ricoprite la pasta con lo stracchino spezzettato e ultimate con il grana restante. Fate gratinare in forno già caldo a 200 °C per una ventina di minuti, o comunque finché non si sarà formata una bella crosticina sulla superficie. Sfornate, fate riposare 1 minuto e servite.

GIGANTONI ALLA RICOTTA
GORGONZOLA E FRUTTA SECCA

Preparazione	15 minuti
Cottura	35 minuti

INGREDIENTI
per 6 persone

- 480 g di gigantoni
- 150 g di gorgonzola piccante
- 150 g di ricotta
- latte
- 1 spicchio di aglio
- 5 gherigli di noce già pelati
- 10 pistacchi già pelati
- 6-8 pomodorini
- parmigiano grattugiato
- 1 ciuffo di prezzemolo
- olio extravergine di oliva
- burro
- sale e pepe

1 Tagliate a pezzetti il gorgonzola e lavoratelo in una ciotola con la ricotta e 1 bicchiere di latte, fino a ottenere una sorta di crema. Pestate grossolanamente i gherigli di noce e i pistacchi.

2 Sbollentate i pomodorini per un paio di minuti. Scolateli, tagliateli a metà, pelateli, eliminate semi e acqua di vegetazione e fateli a cubetti. Scaldate l'aglio in una casseruola con 3-4 cucchiai di olio, unite la concassé di pomodori e fate ridurre per qualche minuto. Al termine, regolate di sale e profumate con una macinata abbondante di pepe.

3 Lessate la pasta in abbondante acqua bollente leggermente salata. Scolatela bene al dente. Velate piccole pirofile individuali con la crema di formaggi, unite la pasta e distribuite un po' del sugo al pomodoro. Ripetete la sequenza degli strati, terminando con la crema e la dadolata.

4 Spolverizzate con un po' di prezzemolo, distribuite qualche noce di burro e completate con parmigiano grattugiato. Mettete in forno già caldo a 200 °C e fate gratinare per 15-20 minuti. Levate, portate in tavola e servite.

PACCHERONI
SALSICCIA RICOTTA E PROVOLA

20 minuti

65 minuti

INGREDIENTI
per 6 persone

- 480 g di paccheroni
- 400 g di ricotta
- 400 g di provola affumicata
- 500 g di passata di pomodoro
- 150 g di salsiccia
- 1/2 bicchiere di vino bianco
- 1 ciuffo di prezzemolo
- 1 uovo
- 1 spicchio di aglio
- 1 cipolla
- parmigiano gattugiato
- olio extravergine di oliva
- sale e pepe

1 Affettate la cipolla e fatela soffriggere in una padella con l'aglio schiacciato e 3-4 cucchiai di olio. Levate l'aglio, unite la salsiccia, sgranata, e lasciate insaporire per qualche minuto. Bagnate con il vino e fate evaporare.

2 Aggiungete la salsa di pomodoro e fate restringere per una mezz'ora. Intanto, lavorate la ricotta in una ciotola con 2 cucchiai di parmigiano, il prezzemolo tritato, l'uovo, un pizzico di sale e uno di pepe. Unite la provola a dadini e mescolate.

3 Lessate i paccheroni in acqua bollente leggermente salata. Scolateli bene al dente e farciteli con il composto alla ricotta. Velate 6 pirofile individuali con il ragù preparato e disponete i paccheroni. Distribuite il ragù rimasto, spolverizzate con abbondante parmigiano e fate gratinare in forno a 200 °C per 15-20 minuti. Levate, portate in tavola e servite.

PACCHERONI
AI CARCIOFI

20 minuti	
35 minuti	

INGREDIENTI
per 4 persone

- 400 g di paccheroni
- 4-5 carciofi
- 1 spicchio di aglio
- 4-5 patate
- 3 dl di besciamella
- 100 g di parmigiano grattugiato
- noce moscata
- olio extravergine di oliva
- sale

1 Mondate i carciofi, eliminate le foglie esterne più dure e l'eventuale fieno interno. Tagliateli a spicchi e fateli stufare in una casseruola con 3-4 cucchiai di olio e l'aglio non sbucciato, finché non risulteranno morbidi (eventualmente, aggiungete un po' di acqua per portarli a cottura).

2 Lessate le patate per 30 minuti a partire dal bollore. Scolatele, sbucciatele e raccoglietele nel bicchiere del mixer. Unite i carciofi e un paio di cucchiai di parmigiano grattugiato, profumate con noce moscata e frullate tutto fino a ottenere una salsina cremosa.

3 Lessate i paccheroni in abbondante acqua bollente leggermente salata. Scolateli molto al dente e lasciateli raffreddare (per evitare che si incollino, potete condirli con pochissimo olio).

4 Velate 4 pirofile individuali con la besciamella, scaldata leggermente, distribuite i paccheri in piedi e farcite ogni pacchero con il composto preparato. Versate sulla pasta altra besciamella, spolverizzate con un po' di parmigiano, profumate con un'altra grattugiata di noce moscata e infornate a 200 °C. Fate cuocere per 15-20 minuti, levate e servite.

MACCHERONCINI
AI CARCIOFI GRATINATI IN PASTA FILLO

25 minuti

40 minuti

INGREDIENTI
per 4-6 persone

- 500 g di maccheroncini
- 8 fogli di pasta fillo
- 6 carciofi
- 3 scalogni
- 2 rametti di timo
- 1/2 bicchiere di vino bianco
- 100 g di parmigiano grattugiato
- 3 cucchiai di mandorle a filetti
- 150 g di panna acida
- burro
- olio extravergine di oliva
- sale e pepe

1 Pulite e tagliate i carciofi. Togliete le foglie esterne più dure, tagliateli a metà e poi a fettine sottili. Pulite e tritate finemente gli scalogni. In una padella antiaderente scaldate 3 cucchiai di olio e fate soffriggere gli scalogni a fuoco dolce.

2 Aggiungete i carciofi e il timo sfogliato. Salate, pepate e mescolate con cura. Bagnate con il vino bianco, lasciate evaporare e fate cuocere, fino a quando i carciofi saranno disfatti.

3 Lessate i maccheroncini in abbondante acqua leggermente salata; scolateli al dente, versateli in una terrina, conditeli con i carciofi e metà parmigiano grattugiato, e mescolate. Imburrate una pirofila di vetro e foderatela con 6 fogli di pasta fillo, lasciando fuoriuscire la pasta in eccesso.

4 Distribuite i maccheroncini nella pirofila foderata di fillo, alternandoli alle mandorle a filetti e al formaggio rimasto. Mettete in forno già caldo a 200 °C e fate cuocere per 15-20 minuti.

5 Trascorso il tempo, sfornate, ritagliate la pasta fillo tenuta da parte in strisce della stessa larghezza e spennellatele con pochissimo olio. Realizzate una sorta di fiocco, sistematelo sulla pasta gratinata e passate ancora in forno per qualche minuto. Levate, portate in tavola e servite, con la panna acida a parte.

ALTRI PRIMI
PER GRADIRE

GNOCCHI ALLA ROMANA

Preparazione	15 minuti
Cottura	25 minuti

INGREDIENTI
per 6 persone

- **600 g di semolino**
- **2 l di latte**
- **200 g di burro**
- **6 tuorli**
- **240 g di grana padano grattugiato**
- **noce moscata**
- **sale**

1 Versate il latte in una casseruola, portate a bollore, unite il semolino a pioggia e fate cuocere per circa 10 minuti, mescolando ogni tanto con un cucchiaio di legno.

2 Trascorso il tempo levate dal fuoco, aggiungete metà burro e metà grana padano, e lavorate ancora con il cucchiaio. Unite i tuorli, uno alla volta, incorporandoli perfettamente, salate e mescolate.

3 Versate il semolino su un piano di marmo inumidito, livellatelo con una spatola a uno spessore di 1/2 cm e lasciatelo raffreddare completamente. Quindi, con un coppapasta rotondo (o con un bicchiere da vino) ricavate tanti dischi rotondi.

4 Imburrate una pirofila piuttosto capiente e disponetevi gli gnocchi, a file leggermente sovrapposte. Distribuite il burro rimasto a fiocchetti, spolverizzate con il rimanente grana padano, profumate con una grattugiata di noce moscata e infornate a 200 °C per circa 15 minuti, o comunque finché gli gnocchi avranno preso un bel colore dorato. Levate, portate in tavola e servite.

GNOCCHI
ALLA PARIGINA

20 minuti

40 minuti

INGREDIENTI
per 8 persone

- **5 dl di latte**
- **100 g di burro**
- **250 g di farina**
- **6 uova**
- **150 g di parmigiano grattugiato**
- **3 dl di besciamella**
- **burro**
- **sale**
- **noce moscata**

1 Versate il latte in una casseruola e scaldatelo. Unite il burro, condite con un pizzico di sale e profumate con una grattugiata di noce moscata, e portate a bollore, mescolando con un cucchiaio di legno.

2 Levate dal fuoco e aggiungete la farina setacciata, tutta in una volta. Mescolate ancora, rimettete sul fuoco e proseguite la cottura a fiamma media per 4-5 minuti, sino a ottenere un composto omogeneo (che sentirete "friggere" leggermente ai bordi).

3 Levate dal fuoco e lasciate riposare per 5 minuti. Incorporate le uova, uno alla volta, mescolando bene. Aspettate sempre che il composto abbia assorbito l'uovo completamente prima di romperne un altro. Aggiungete 125 g di parmigiano e amalgamate ancora. Intanto, scaldate la besciamella e profumatela con una grattugiata di noce moscata.

4 Imburrate una pirofila e velate il fondo con un po' di besciamella. Con l'aiuto di due cucchiai, confezionate gli gnocchi con il composto preparato. Buttate gli gnocchi in abbondante acqua bollente leggermente salata e, non appena salgono a galla, scolateli su un canovaccio pulito.

5 Velate una pirofila con un po' di besciamella, distribuiteci gli gnocchi e bagnate con la besciamella rimasta. Spolverizzate con il restante parmigiano, mettete in forno a 200 °C e fate cuocere per 15-20 minuti, o comunque fino a gratinatura. Levate, portate in tavola e servite.

GNOCCHI VERDI
GRATINATI AL CULATELLO

20 minuti

60 minuti

INGREDIENTI
per 8 persone

- **800 g di patate già lessate e passate allo schiacciapatate**
- **250 g di farina**
- **1 uovo**
- **100 g di spinaci già lessati e frullati**
- **100 g di culatello**
- **80 g di parmigiano grattugiato**
- **2 scatole di pomodori pelati**
- **1/2 cipolla tritata**
- **besciamella**
- **noce moscata**
- **olio extravergine di oliva**
- **burro**
- **sale e pepe**

1 Impastate le patate con gli spinaci, l'uovo, la farina, una manciata di parmigiano e una grattugiata di noce moscata e lavorate, fino a ottenere un impasto sodo e omogeneo.

2 Formate tanti filoncini dello spessore di un dito, infarinateli leggermente, tagliateli a tocchetti lunghi 2 cm e infine passateli sui rebbi di una forchetta. Scaldate la besciamella in una casseruola, unite 1 cucchiaio di parmigiano, mescolate e coprite.

3 Fate soffriggere la cipolla tritata con 2-3 cucchiai di olio e una noce di burro, unite i pelati passati, regolate di sale, profumate con una macinata di pepe e lasciate cuocere a fuoco basso per 40 minuti. Quando la salsa è pronta, unitela alla besciamella e mescolate.

4 Lessate gli gnocchi in acqua bollente leggermente salata. Appena vengono a galla, scolateli e conditeli con la salsa (se fosse troppo densa, diluite con acqua di cottura).

5 Imburrate una pirofila, versate gli gnocchi, aggiungete il culatello, tagliato a listerelle, spolverizzate con il parmigiano e qualche fiocchetto di burro. Mettete in forno già caldo a 210 °C e fate gratinare per 10 minuti. Levate, portate in tavola e servite.

GRATIN DI ZITI IN TEGLIA
CON RAGÙ DELL'ORTO

15 minuti

35 minuti

INGREDIENTI per 4 persone

- 300 g di ziti
- 1 peperone rosso
- 1 peperone giallo
- 2 zucchine
- 1/2 cipolla
- 1 carota
- 1 costa di sedano
- 5 dl di besciamella
- 100 g di parmigiano grattugiato
- olio extravergine di oliva
- noce moscata
- burro
- sale

1 Mondate tutti gli ortaggi, tagliateli a dadini e fateli soffriggere in una padella con un filo di olio. Scaldate la besciamella in una casseruola e profumatela con una grattugiata di noce moscata.

2 Fate cuocere gli ziti per 2 minuti in abbondante acqua bollente leggermente salata, poi scolateli. Imburrate una pirofila e distribuite a strati gli ziti, il soffritto e la besciamella.

3 Continuate con la sequenza degli strati fino a esaurire gli ingredienti, terminando con la besciamella. Completate con abbondante parmigiano grattugiato e fiocchetti burro. Mettete in forno già caldo a 180 °C e fate cuocere per 20-25 minuti. Levate, portate in tavola e servite.

CORONA DI ZITI
AL FORNO

15 minuti

95 minuti

INGREDIENTI
per 6 persone

- 500 g di ziti
- 300 g di polpa di manzo macinata
- 500 g di polpa di pomodoro a dadini
- 2 dl di brodo di carne
- 1,5 dl di vino bianco
- 1 rametto di rosmarino
- 15 g di farina bianca
- parmigiano grattugiato
- burro
- sale e pepe

1 Fate fondere 60 g di burro in una casseruola con il rosmarino, tritato. Aggiungete la carne e la farina, mescolate con un cucchiaio di legno, e fate rosolare per 5 minuti a fuoco medio.

2 Alzate la fiamma, bagnate con il vino e fate evaporare, sempre continuando a mescolare. Diminuite il fuoco al minimo, aggiungete la polpa di pomodoro, bagnate con il brodo, incoperchiate e proseguite la cottura per circa 1 ora. Regolate di sale e profumate con una macinata di pepe.

3 Lessate la pasta in abbondante acqua bollente leggermente salata e scolatela molto al dente. Imburrate uno stampo a corona e disponetevi la pasta a strati, cospargendo ogni strato con un po' del ragù preparato e di parmigiano grattugiato. Al termine, completate con qualche fiocchetto di burro.

4 Mettete lo stampo in forno già caldo a 180 °C e fate gratinare per 15-20 minuti, o comunque finché si sarà formata in superficie una crosticina dorata. Levate, portate in tavola e servite.

BUCATINI CON STRACCIATA DI BUFALA E POMODORINI GRATINATI

15 minuti

30 minuti

INGREDIENTI per 4 persone

- 320 g di bucatini
- 400 g di pomodorini
- 1 rametto di origano
- 200 g di stracciata di bufala
- 50 g di pangrattato
- 2 cucchiai di pecorino romano
- 1 cucchiaio di capperi sotto sale
- olio extravergine di oliva
- sale e pepe

1 Inumidite leggermente un foglio di carta forno. Stropicciatelo e foderate una teglia da forno: il passaggio serve per rendere la carta più malleabile e più facile da adattare alla forma della teglia.

2 Sbollentate i pomodorini per un paio di minuti. Scolateli e pelateli, tagliateli a metà ed eliminate i semi. Quindi distribuiteli bene accostati nella teglia, appoggiandoli con la parte tagliata verso l'alto.

3 Spolverizzateli con abbondante pangrattato e irrorateli di olio. Condite con un pizzico di sale e profumate con una macinata di pepe e un po' di origano. Unite i capperi, ben sciacquati, infornate a 180 °C e fate cuocere per 15-20 minuti, o comunque finché i pomodori risulteranno ben gratinati.

4 Lessate la pasta in abbondante acqua bollente salata. Trasferite i pomodorini gratinati con il loro sughetto in una padella. Scolate la pasta bene al dente nella padella, mescolate e mantecate per un minuto a fuoco vivace. Levate, unite la stracciata e il pecorino romano, mescolate e servite.

PAPPARDELLE GRATINATE
AI FUNGHI E FOIE GRAS

20 minuti

35 minuti

INGREDIENTI
per 6 persone

- 500 g di pappardelle all'uovo
- 200 g di porcini
- 1 porro
- 1 scalogno
- 2 bicchierini di porto
- 8 dl di besciamella
- 50 g di foie gras
- noce moscata
- grana grattugiato
- burro
- olio extravergine di oliva
- sale

1 Mondate il porro, eliminate la parte verde e tagliate a rondelle sottili quella bianca. Mondate e affettate anche lo scalogno. Pulite i funghi, eliminate la parte radicale e passateli con un foglio di carta assorbente da cucina leggermente inumidito. Infine, tagliateli a pezzetti.

2 Fate appassire il porro e lo scalogno in una casseruola con 2-3 cucchiai di olio. Aggiungete i funghi e lasciateli insaporire per una decina di minuti. Bagnate con il porto e fate sfumare a fuoco vivace.

3 Lessate la pasta in abbondante acqua bollente, leggermente salata. Scolatela al dente, conditela con i funghi e con 1-2 cucchiai di olio a crudo, e mescolate. Scaldate la besciamella in una piccola casseruola. Profumate con una grattugiata di noce moscata, arricchite con il foie gras, tagliato a dadini, e mescolate.

4 Versate la pasta in una pirofila imburrata, coprite con la besciamella al foie gras e spolverizzate con il grana grattugiato. Mettete in forno già caldo a 190 °C e fate gratinare per 15 minuti. Sfornate, lasciate riposare per 1 minuto e servite.

TIMBALLO DI TORTELLINI

	20 minuti
	95 minuti

INGREDIENTI
per 6-8 persone

- 1 rotolo di pasta sfoglia
- 500 g di tortellini
- 150 g di polpa di manzo macinata
- 2 salsicce
- 150 g di porcini
- 500 g di passata di pomodoro
- 3,5 dl di besciamella
- 1 carota
- 1 cipolla
- 1 costa di sedano
- 120 g di parmigiano grattugiato
- 1 bicchiere di vino bianco
- burro
- olio extravergine di oliva
- sale e pepe

1 Pulite i funghi, eliminate la parte radicale e passateli con un foglio di carta assorbente da cucina leggermente inumidito. Poi, tagliateli a pezzetti.

2 Mondate e tritate la carota, il sedano e la cipolla. Fate fondere una noce di burro in una padella con un filo di olio, unite il trito preparato e fate soffriggere per qualche minuto.

3 Aggiungete la polpa di manzo macinata e le salsicce, spellate e sgranate, e fate rosolare mescolando ogni tanto. Sfumate con un po' di vino bianco, unite i porcini e lasciate insaporire a fuoco vivace. Aggiungete la passata, regolate di sale, pepate e proseguite la cottura per 40 minuti.

4 Lessate i tortellini in abbondante acqua bollente leggermente salata, scolateli a metà cottura, e conditeli con parte del sugo e una manciata di parmigiano. Foderate una teglia con la pasta sfoglia e distribuite a strati i tortellini, il sugo rimasto, la besciamella e il parmigiano.

5 Ripetete la sequenza degli strati, terminando con sugo, besciamella e parmigiano. Mettete in forno già caldo a 180 °C e fate cuocere per circa 40 minuti, o comunque finché si sarà formata una crosticina dorata. Levate, portate in tavola e servite.

SECONDI A NESSUNO

GRATIN DI BACCALÀ
PATATE E POMODORI

10 minuti

35 minuti

INGREDIENTI
per 6 persone

- 800 g di baccalà già ammollato
- 6 patate
- 4 cipolle
- 10-12 pomodorini
- 100 g di mollica di pane
- 2 spicchi di aglio
- 1 ciuffo di prezzemolo
- pecorino delle Matine grattugiatio
- olio extravergine di oliva
- sale e pepe

1 Spellate il baccalà, spinatelo e tagliatelo a cubotti. Scaldate un filo di olio in una casseruola con 1 spicchio di aglio, unite i cubotti di baccalà e lasciate insaporire per qualche minuto.

2 Sbucciate le patate, tagliatele a fette sottili e raccoglietele in una terrina. Conditele con un filo di olio, profumatele con una macinata di pepe e mescolate. Affettate sottilmente le cipolle. Tritate il prezzemolo e lo spicchio di aglio rimasto.

3 Distribuite uno strato di patate in 6 terrine individuali. Spolverizzate con un po' di pecorino e coprite con uno strato di cipolle. Aggiungete il baccalà, condite con un pizzico di sale e profumate con il prezzemolo e l'aglio, tritati, e con una macinata di pepe.

4 Ripetete la sequenza degli strati, fino a esaurire gli ingredienti, e completate con i pomodorini, tagliati a metà, e la mollica sbriciolata. Bagnate con pochissima acqua, irrorate con olio extravergine, mettete in forno già caldo a 180 °C e fate gratinare per 30 minuti. Trascorso il tempo, levate, portate in tavola e servite.

SCALOPPE DI BACCALÀ
GRATINATE IN CROSTA DI PANE AL PREZZEMOLO

25 minuti

25 minuti

INGREDIENTI
per 6 persone

- **900 g di baccalà già ammollato**
- **200 g di mollica di pane raffermo**
- **3-4 rametti di prezzemolo**
- **1 rametto di rosmarino**
- **1 dl di panna fresca**
- **1 testa di aglio**
- **olio extravergine di oliva**
- **sale e pepe**

1 Spellate e spinate il baccalà, e ricavate 6 scaloppe. Spezzettate la mollica di pane raffermo e raccoglietela in una ciotola, unite le foglie di prezzemolo e frullate. Trasferite il mix in un piatto, passateci le scaloppe di baccalà e premetele leggermente con le mani per far aderire l'impanatura.

2 Ungete di olio una teglia, aggiungete il rosmarino, spezzettato grossolanamente, e disponeteci le scaloppe impanate. Condite con un pizzico di sale e una macinata di pepe, mettete in forno già caldo a 220 °C e fate gratinare per 7-8 minuti.

3 Ricavate gli spicchi dalla testa di aglio, senza sbucciarli. Raccoglieteli in una teglia e infornate a 180 °C per 10-15 minuti. Trascorso il tempo, levate, sbucciate gli spicchi e raccoglieteli nel bicchiere del mixer. Unite la panna e un filo di olio e frullate, fino a ottenere una salsina omogenea. Servite le scaloppe di baccalà, con la salsina preparata.

CODA DI ROSPO
AL GRATIN

15 minuti

15 minuti

INGREDIENTI
per 4 persone

- 800 g di polpa di coda di rospo già spellata e spinata
- 5-6 pomodorini
- 1 limone
- 1 spicchio di aglio
- pangrattato
- 1 ciuffo di prezzemolo
- olio extravergine di oliva
- sale e pepe

1 Tagliate a cubotti la coda di rospo e raccoglieteli in una ciotola. Aggiungete 1 dl di olio, il succo e la scorza grattugiata del limone e lo spicchio di aglio, frullato, mescolate e lasciate riposare per una decina di minuti.

2 Lavate i pomodorini, asciugateli e tagliateli a spicchi. Raccoglieteli in un'altra ciotola, condite con un filo di olio e un pizzico di sale, profumate con una macinata di pepe e mescolate.

3 Scolate i cubotti di coda di rospo dalla marinata, passateli in abbondante pangrattato e premeteli per far aderire bene l'impanatura. Distribuiteli in una pirofila con i pomodorini, mettete in forno già caldo a 240 °C e fate gratinare per 15 minuti. Levate, decorate con qualche fogliolina di prezzemolo e servite.

FILETTI DI RICCIOLA GRATINATI
E MELANZANA IN DOPPIA VESTE

20 minuti + riposo

20 minuti

INGREDIENTI
per 4 persone

- **4 tranci di ricciola di circa 150 g l'uno**
- **1 limone**
- **1 melanzana**
- **1 rametto di timo**
- **100 g di passata di pomodoro**
- **1/2 bicchiere di vino bianco**
- **pangrattato**
- **farina**
- **olio extravergine di oliva**
- **sale e pepe**

1 Emulsionate 1 dl di olio con il vino, la buccia grattugiata del limone e qualche foglia di timo. Disponete i tranci di ricciola, senza privarli della pelle, in una teglia, bagnate con l'emulsione e lasciate marinare per una mezz'ora.

2 Nel frattempo, lavate e mondate la melanzana. Sbucciatela e tagliate la buccia a julienne e la polpa a dadini molto piccoli. Fate saltare i dadini di melanzana in una padella con 3-4 cucchiai di olio e qualche foglia di timo. Una volta pronti, scolateli su un foglio di carta assorbente da cucina.

3 Passate la julienne di buccia di melanzana in un po' di farina e friggetela in olio extravergine di oliva; scolate e fate asciugare su un foglio di carta assorbente da cucina.

4 Disponete i tranci di ricciola in una pirofila, spolverizzateli di pangrattato, bagnate con 4-5 cucchiai della marinata, filtrata, e infornate a 150 °C per 5-6 minuti.

5 Nel frattempo, versate la passata di pomodoro in una casseruola con un filo di olio. Condite con un pizzico di sale e una macinata di pepe, e fate restringere per pochi minuti. Distribuite i tranci di ricciola nei piatti individuali, colorate con la passata di pomodoro e servite con la melanzana in doppia veste.

SUPREMA DI POLLO
AL GRATIN IN SALSA AL PEPE ROSA

Preparazione	**10** minuti
Cottura	**30** minuti

INGREDIENTI
per 4 persone

- **1 petto di pollo**
- **10 fette di pancetta tesa**
- **1 bicchierino di whisky**
- **200 g di besciamella**
- **50 g di pepe rosa in salamoia**
- **olio extravergine di oliva**
- **farina**
- **sale e pepe**

1 Tagliate il petto di pollo a tocchetti piuttosto grandi, arrotolateli nella pancetta, infarinateli e fateli soffriggere in una padella con 2-3 cucchiai di olio. Versate il whisky e fate sfumare.

2 Intanto, scaldate la besciamella sul fuoco, unite i grani di pepe rosa, leggermente frantumati, regolate di sale, profumate con una macinata di pepe e mescolate.

3 Distribuite i tocchetti di pollo in una teglia, nappateli con la besciamella arricchita, mettete in forno già caldo a 190 °C e fate gratinare per 10-15 minuti. Trascorso il tempo, levate e portate in tavola.

SELLA DI VITELLO
DEL PRINCIPE

Preparazione	25 minuti
Cottura	130 minuti

INGREDIENTI
per 8 persone

- 2 kg di carré di vitello con osso
- 1 costa di sedano
- 3 cipolle
- 2 carote
- vino bianco
- besciamella
- 200 g di gruyère
- 2 tuorli
- 1 tartufo nero (oppure 50 g di burro tartufato)
- 100 g di prosciutto crudo a fettine
- olio extravergine di oliva
- sale e pepe

1 Disponete il carré in una teglia, aggiungete il sedano, le carote e 2 cipolle, mondati e tagliati a tocchetti, e 3-4 cucchiai di olio. Aggiustate di sale e pepe e fate rosolare a fuoco vivo. Bagnate con il vino bianco, coprite con la carta stagnola e fate cuocere in forno a 180 °C per circa 1 ora e 1/2.

2 Scaldate la besciamella in due casseruoline: arricchite una parte con il gruyère tritato, i tuorli e il pepe nero macinato. L'altra con la cipolla rimasta, tagliata finemente e poi fatta appassire in padella con 2-3 cucchiai di olio.

3 Quando il carré sarà ben cotto, disossatelo e tagliatelo a fette (circa 1 cm di spessore). Quindi ricostruitelo per intero: rimontate le fette sull'osso, utilizzando la besciamella aromatizzata con la cipolla come fosse un collante.

4 Spolverizzate la superficie del carré con il tartufo nero, tagliato a lamelle (oppure con il burro tartufato) e avvolgete con le fette di prosciutto crudo.

5 Spalmate la carne con la besciamella al gruyère e mettete in forno già caldo a 190 °C, per 15-20 minuti, o comunque fino a completa gratinatura. Levate e servite.

MEDAGLIONI DI MAIALE
GRATINATI AI BROCCOLI

15 minuti

30 minuti

INGREDIENTI
per 4 persone

- 1 filetto di maiale da 600 g
- 2 uova
- 100 g di besciamella densa
- 300 g di cimette di broccolo già sbollentate
- 50 g di parmigiano grattugiato
- 6 patate
- 1 rametto di timo
- olio extravergine di oliva
- sale e pepe

1 Sbucciate le patate, sciacquatele sotto l'acqua corrente e poi tagliatele a fettine sottili. Scaldate 2-3 cucchiai di olio in una padella, unite le fettine di patate, spolverizzate con il timo e fate rosolare in modo uniforme.

2 Tagliate il filetto di maiale in 4 medaglioni piuttosto spessi. Quindi, conditeli con un pizzico di sale e profumateli con una macinata abbondante di pepe e con alcune foglie di timo. Scaldate 2- 3 cucchiai di olio in un'altra padella, aggiungete i medaglioni e fateli rosolare da entrambi i lati.

3 Raccogliete i broccoletti nel bicchiere del mixer e frullateli. Trasferite il passato in una ciotola e incorporate la besciamella, i tuorli, il parmigiano e gli albumi montati a neve. Al termine, aggiustate di sale e profumate con una macinata di pepe.

4 Distribuite il composto sui medaglioni, mettete in forno già caldo a 200 °C e fate gratinare per 15 minuti. Portate in tavola e servite con le patate preparate.

TUTTO AL GRATIN
DALLA A ALLA Z

Bucatini con stracciata di bufala e pomodorini gratinati	74
Cannelloni di melanzane gratinati	40
Capesante gratinate	18
Coda di rospo al gratin	86
Conchiglioni gratinati alla puttanesca	48
Conchiglioni ripieni al ragù di vitello	50
Corona di ziti al forno	72
Cozze gratinate	12
Filetti di ricciola gratinati e melanzana in doppia veste	88
Gattò di patate e melanzane	32
Gigantoni alla ricotta gorgonzola e frutta secca	54
Gnocchi alla parigina	66
Gnocchi alla romana	64
Gnocchi verdi gratinati al culatello	68
Gran gratin di patate cipolle e zucchine	28
Gratin di baccalà patate e pomodori	82
Gratin di crespelle agli asparagi	34
Gratin di patate ai due formaggi	30
Gratin di ziti in teglia con ragù dell'orto	70
Gratin tricolore	42
Maccheroncini ai carciofi gratinati in pasta fillo	60
Medaglioni di maiale gratinati ai broccoli	94
Melanzane ripiene al gratin	38
Minigratin di lasagnette alla zucca e salmone	16
Ostriche allo champagne	20
Ostriche gratinate al lardo e pomodorini	22
Paccheroni ai carciofi	58
Paccheroni salsiccia ricotta e provola	56
Pappardelle gratinate ai funghi e foie gras	76
Pipe rigate con broccoli al gratin	52
Pomodori ripieni al gratin	36
Scaloppe di baccalà gratinate in crosta di pane al prezzemolo	84
Sella di vitello del principe	92
Spiedini di coda di rospo al gratin con salsa al prezzemolo	14
Suprema di pollo al gratin in salsa al pepe rosa	90
Timballo di tortellini	78
Zucchine gratinate	26
Zuppa di cipolle al gratin	44

TUTTO AL GRATIN
A cura di
Alice Cucina

REDAZIONE
via Tiburtina 924, 00156 Roma
staff.alicemagazine@ltmultimedia.tv
DIRETTORE RESPONSABILE
Valter La Tona
VICEDIRETTORE
Giulia Macrì - giulia.macri@ltmultimedia.tv
CAPOREDATTORE
Francesco Monteforte Bianchi
francesco.monteforte@ltmultimedia.tv
REDAZIONE
Emanuela Bianconi - emanuela.bianconi@ltmultimedia.tv
SEGRETERIA DI REDAZIONE
Luisa Sbroscia - luisa.sbroscia@ltmultimedia.tv
REVISIONE TESTI
Maria Stella
IMPAGINAZIONE
Alessia Carrozzi
FOTOGRAFIE
E. Andreini, M. Avalos Flores, C. Bellasio, F. Brambilla, P. Della Corte,
T. Mattiello, S. Michahelles, S. Serrani

LT EDITORE srl
Società controllata da LT Multimedia srl
LT MULTIMEDIA srl
via Tiburtina 924, 00156 Roma
sitcomeditore@ltmultimedia.tv - www.sitcomeditore.tv

STAMPA
Tipolitografia Trullo
Via Ardeatina, 2479 - 00134 Roma
Tel. +39 06 6535677 - Fax +39 06 71302758
info@tipolitografiatrullo.it
www.tipolitografiatrullo.it

ISBN: 978-88-6107-155-1

Nella stessa collana:

le Conserve

la Pizza

il Cioccolato

la Pasta all'Uovo

i Menu di Natale

Verdure d'inverno

Fritti & Frittelle

Spaghetti & Co.

Frittate & Omelette

Verdure di primavera

Mousse, terrine e pâté

Gelati e sorbetti

il Pesce azzurro

il Pollo

i Risotti

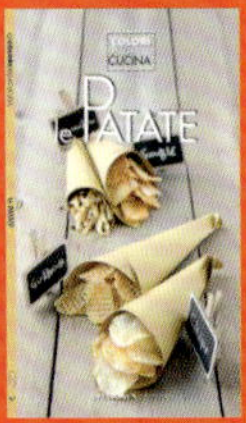

le Patate

i Menu delle Feste

Dolci al cucchiaio

Fritti golosi

Muffin & Plumcake

le Uova

Sfoglia frolla e brisée

Bimbi è pronto!

Insalate Gourmand

Pasta e riso dell'estate

Tiramisù e semifreddi

Formaggi a tavola

Mele & Pere

Strenne dolci e salate

Lasagne e cannelloni

Cupcakes

Finito di stampare gennaio 2013